REMARQUES

SUR LE NOUVEAU

CODE CIVIL

POUR

LES ÉTATS DE S. M. SARDE

ET

SUR QUELQUES CRITIQUES

DONT IL A ÉTÉ L'OBJET

PARIS

CHAMEROT, LIBRAIRE-ÉDITEUR,

Succ. de M. Brunot-Labbe, ancien libraire de l'Université,

33, QUAI DES AUGUSTINS.

REMARQUES

SUR

LE NOUVEAU CODE CIVIL

POUR

LES ÉTATS DE S. M. SARDE

IMPRIMERIE DE DUCESSOIS,
QUAI DES AUGUSTINS, 55.

REMARQUES

SUR LE NOUVEAU

CODE CIVIL

POUR

LES ÉTATS DE S. M. SARDE

ET

SUR QUELQUES CRITIQUES

DONT IL A ÉTÉ L'OBJET.

PARIS

CHAMEROT, LIBRAIRE-EDITEUR,

Successeur de M. Brunot-Labbe, ancien libraire de l'Université,

QUAI DES AUGUSTINS, 33.

1838

REMARQUES

SUR

LE NOUVEAU CODE CIVIL

POUR

LES ÉTATS DE S. M. SARDE

Dans le temps où nous vivons, en face des circonstances qui ont modifié de tant de maniè-res différentes l'état social, un besoin impérieux se fait sentir partout de coordonner la législa-tion civile avec la position de chaque peuple. L'attention des gouvernements éclairés, la spécu-lation de la science se portent également vers cette direction ; depuis quarante ans, de grands

changements se sont opérés dans les lois des différents états ; jamais, dans le monde savant, on ne
s'est occupé comme aujourd'hui de l'importance
des études législatives ; on peut même dire que
la véritable science de la législation ne date que
de notre temps , c'est-à-dire que c'est à notre
époque qu'appuyé sur des bases rationnelles ,
entouré d'une ample connaissance de faits ana-
logues, on a réduit en système la suite des axio-
mes qui doivent régler la confection des lois,
et la série des problèmes qu'on est appelé à
y résoudre. Il en est aussi surgi l'étude des
législations comparées, véritable progrès de la
science, qui fournira le moyen de détruire un
grand nombre de préjugés, et donnera plus
d'éclat à quelques vérités.

Parmi ces études de législation comparée, nous
devons classer les *Observations de M. le comte de
Portalis sur le nouveau code sarde*, lues à l'Académie
des sciences morales et politiques dans le mois de
décembre dernier[1].

Quoique ces observations ne s'étendent pas
encore au delà du premier livre de ce code, leur

[1] L'analyse détaillée de ces *Observations* a été imprimée
dans la *Revue de Législation et de Jurisprudence*, livraisons
du 15 janvier et du 31 mars 1818.

apparition a éveillé l'attention du public ; la presse périodique s'en est emparée, et même des journaux quotidiens ont voulu en fournir à leurs lecteurs un extrait sommaire, où il nous a paru que l'on préférait faire connaître la tendance, plutôt que les déductions précises du travail de l'auteur du mémoire.

Nous croyons donc servir l'intérêt bien entendu de la science de la législation en faisant quelques remarques sur ces observations ; nous tâcherons d'élargir le cercle de nos réflexions, en mettant sous les yeux de nos lecteurs le résultat de l'examen du même livre du code fait par un savant allemand ; nous procéderons par voie d'explications, sans trop leur donner le ton d'une polémique ; la nature même du sujet exige que tout ce que l'on énonce à ce propos ait l'empreinte du calme et de l'impartialité, deux caractères éminents de la loi.

C'est aussi l'essai d'une étude comparée de législation que nous soumettons à nos lecteurs, et nous les prions de l'envisager sans prévention, *sine irâ et studio*.

L'auteur des Observations énonce d'abord que *le code de S. M. Charles-Albert est surtout destiné à effacer les traces du code Napoléon, qui gouvernait la plupart des provinces du royaume de Sardaigne, lorsqu'elles faisaient partie du grand empire ;* et ensuite, pour prouver que les rédacteurs des codes français et sarde ont nécessairement agi sous l'influence de la grande révolution politique qui a signalé la fin du dix-huitième siècle, il expose la progression des circonstances qui ont enfin amené la formation du code Napoléon ; ces circonstances sont connues de tous ceux qui se sont occupés d'étudier l'histoire de la législation moderne. Qu'il nous soit permis à notre tour de placer sous les yeux du lecteur la situation où se trouvaient, en fait de législation, les états de S. M. le roi de Sardaigne au moment où le nouveau code a été publié.

Dans le Piémont, occupé alors par les Français, l'exécution des lois qui formaient le code civil eut lieu dans le terme fixé par le même code, c'est-à-dire qu'elles commencèrent en 1803. Cette législation y resta en vigueur jusqu'au 21 mai 1814, jour auquel, par un édit du roi Victor-Emmanuel, les lois antérieures à l'occupation française furent remises en vigueur tout d'un coup, sans aucune mesure de transition et sans aucun ménagement des intérêts froissés. Dès lors on en revint aux quatre

anciennes sources de la législation piémontaise :
1º le recueil des ordonnances royales connues sous
le nom de *Constitutions*; 2º les statuts ou lois municipales des villes ou bourgs qui en avaient conservé l'usage ; 3º les décisions des cours de justice;
4º le droit commun [1].

Ce retour à un état de choses dont un intervalle
de temps rempli de tant d'événements extraordinaires nous avait irrévocablement séparés, fut
mal reçu du public ; les moyens auxquels il fallait
avoir recours pour combler les lacunes nombreuses existantes dans les dispositions des lois
anciennes vis-à-vis les nouveaux rapports que
la loi française avait créés, prenaient une couleur d'arbitraire qui produisait de vives inquiétudes. Les vœux de tous les bons esprits se tournèrent d'abord vers une nouvelle législation, qui
sût allier les anciens principes du droit public
interne piémontais avec les exigences des transactions civiles, considérablement augmentées
dans les derniers temps. Quelques lois partielles
parurent à de grandes distances : elles firent
sentir le besoin d'un changement dans la législation, sans y apporter aucune amélioration ; tels

[1] Constitutions de Charles-Emmanuel III, de 1770, liv. 3,
tit. 23, § 15.

étaient les édits de juillet et de septembre 1822 , par lesquels un régime hypothécaire fut introduit , et une nouvelle organisation de la magistrature réforma de graves abus qui existaient auparavant. Les inconvénients résultant du désaccord complet entre les lois écrites du pays et les circonstances du temps actuel subsistaient toujours ; il s'ensuivait qu'à défaut de disposition législative , les simples règles d'équité , c'est-à-dire le bon sens des juges dirigé et dominé quelquefois par la pratique ancienne des cours de justice suppléait à tout. Il n'est pas nécessaire d'ajouter que cette jurisprudence indécise , qui parfois flottait entre les calculs opposés d'une probabilité décevante , répondait mal au principe de la certitude qui sert de base à la loi. Bacon a dit : « Ce principe est tellement important , que, sans lui, la loi cesserait d'être juste[1]. » Les reproches d'arbitraire qu'on adressait continuellement aux décisions des tribunaux , ne pouvaient pas toujours se réfuter d'une façon victorieuse , et l'usage retenu alors par les cours suprêmes de ne pas motiver leurs arrêts , rendait

---

[1] Legis tantùm interest ut certa sit, ut absque hoc nec justa esse possit. — Tractatus de justitiâ universali, aphorism. 8.

de plus en plus illusoire l'effet du peu de lois que la pratique n'avait pas laissées tomber en désuétude.

Il est vrai que lors de l'union de Gênes au Piémont, à la fin de 1814, on laissa en vigueur, dans cette partie des états sardes, le code Napoléon. On y publia cependant un règlement où plusieurs dispositions des constitutions de 1770 se trouvent reproduites, et déjà le gouvernement provisoire de Gênes, à son premier début, pendant que ce littoral se trouvait occupé par les troupes anglaises, avait modifié quelques points essentiels de la loi française[1].

Les états du roi de Sardaigne sur le continent se trouvaient dans cette situation sous le rapport de la législation, au moment de l'avénement de S. M. le roi Charles-Albert. Ce prince tourna d'abord ses regards vers le besoin d'une réforme générale des lois du pays; il apprécia la gravité de l'entreprise; il nomma des commissions chargées de lui soumettre des projets de codes complets sur les différentes parties de la législation. Il voulut suivre avec une attention protectrice les travaux qui préparaient cette réforme; et l'acte de sa volonté s'accomplit par le bienfait

[1] Atti del governo provvisorio della repubblica di Genova.

d'un grand principe d'ordre et de sécurité qui prit naissance dans la société.

On voit donc qu'à part le duché de Gênes, où le code français était resté en vigueur, quoique modifié en quelques parties, les états sardes se trouvaient placés dans une position assez différente de celle que l'auteur des Observations suppose et fixe pour son point de départ. Ainsi on ne s'explique pas trop comment cet auteur a pu dire du code sarde que : *compilé pour soustraire un royaume étranger à l'empire de notre législation nationale, c'est en ne la perdant jamais de vue qu'il a été rédigé.* Cette assertion prouve que l'auteur des Observations n'a pas choisi le véritable point de vue d'où il aurait pu juger le nouveau code sarde avec impartialité. Après avoir été en vigueur pendant onze ans, le code français avait perdu toute autorité dans la plus grande partie des états sardes, et vingt-quatre ans de désuétude l'avaient rendu totalement étranger aux habitudes des Piémontais ; il n'est donc pas exact de dire que la nouvelle législation *est destinée à effacer les traces du code Napoléon.*

Avant d'entrer dans les détails, commençons par voir quelle a été la direction des idées qui ont présidé au nouveau code.

Les instructions transmises, par ordre du roi, aux commissaires chargés de la rédaction du projet, portaient textuellement : « qu'on devait » procéder à une nouvelle compilation des lois » nationales, en y faisant les additions, les » changements, et les modifications introduites » par la jurisprudence, et suggérées par l'expé- » rience, les progrès des sciences, les nouvelles » habitudes, et les nouveaux rapports de société » et de commerce qui existent parmi les sujets » du roi ; que l'on devait former par là un re- » cueil de lois civiles, commerciales, pénales, » et de procédure civile et criminelle, aussi » complet que possible, sans trop s'attacher ce- » pendant aux définitions, qui deviennent sou- » vent une source abondante de procès, et sans » s'éloigner des lois et principes actuels, si ce » n'était pour les cas d'utilité évidente[1]. »

La réforme de la législation sarde s'étant opérée dans un temps calme, sous un gouverne- ment affermi, mais au milieu de circonstances qui faisaient sentir le besoin de renforcer l'ac- tion du principe monarchique, la pensée du

---

[1] Dépêche du ministre de l'intérieur du 7 juin 1831, n° 5814, 2ᵐᵉ division, n° 1461.

souverain a été de donner la plus grande étendue au développement des lois civiles ; de remplir les lacunes fréquentes, de faire cesser les ambiguités dangereuses, de reconstruire pour ainsi dire notre droit civil. Ce renouvellement total était nécesaire ; un changement partiel, un simple replâtrage , n'auraient fait qu'aggraver le mal [1]. Il faut croire que le succès a couronné les efforts des rédacteurs, puisque M. le comte de Portalis , excellent juge , sans contredit , en matière de législation française, reconnaît que le code sarde a apporté des améliorations dans plusieurs parties du code Napoléon, et se résume même en disant que le premier livre du code qu'il a examiné, *contient diverses dispositions bonnes à noter et même à emprunter*. Mais le législateur a voulu en même temps que les principes politiques de la monarchie, que les éléments du droit public interne ne fussent aucunement modifiés. L'importance de la stabilité de ces principes est tout à fait en dehors du mouvement

[1] Machiavel disait , avec grande raison , en parlant des lois : « **Regola che mai , o raro falla. Non si muti dove non è** » difetto, perchè non è altro che disordine. Dove però tutto » è disordine meno vi rimane del vecchio meno vi rimane » del cattivo. — Opere di Nicolò **Machiavelli. Edize. di Firenze,** » 1783. Tom. 6 , pag. 486. »

progressif des lois civiles. La séparation des règles du droit civil de celles du droit politique,
tracée d'une manière si lumineuse par Montesquieu [1], vient à l'appui de cette distinction. Le
code sarde a cherché à introduire un grand nombre d'améliorations dont l'adoption se fait encore
attendre dans d'autres pays ; il à obéi aux im-
pulsions du temps et de la société actuelle ; et on
ne voit pas comment on pourrait justifier le reproche adressé aux rédacteurs *d'avoir tourné le
regard vers le passé, étant tentés de le donner encore une
fois pour règle à l'avenir.* Ce désir de rester en ar-
rière du temps présent nous paraît démenti par
un grand nombre des dispositions du code,
comme il serait en désaccord avec le texte même
des instructions d'après lesquelles l'œuvre a été
rédigée; on a vu qu'elles portaient expressément
qu'on devait tenir compte des progrès du temps
et des nouvelles habitudes de la société.

Mais il est bon d'insister encore une fois sur
ces deux points principaux de la législation sarde :
stabilité dans l'ordre politique, progrès dans
l'ordre civil. C'est en ne les perdant jamais de
vue que nous procéderons dans notre travail.

1 Esprit des Lois , liv. 26, chap. 15, 16 et suivants.

Le code sarde contient dans le titre préliminaire les trois articles suivants, qui sont l'objet
d'une critique sévère de la part de l'auteur des
Observations. — Il y est dit : « 1º La religion ca-
» tholique, apostolique et romaine est la seule
» religion de l'état. 2º Le roi s'honore d'être le
» protecteur de l'église et d'en faire observer les
» lois dans toutes les matières qu'il appartient à
» l'église de régler. Les cours suprêmes veilleront
» au maintien du plus parfait accord entre l'église
» et l'état , et, à cet effet, elles continueront à
» exercer leur autorité et leur juridiction en ce
» qui concerne les affaires ecclésiastiques, selon
» l'usage et le droit. 3º Les autres cultes qui
» existent dans l'état ne sont que tolérés, con-
» formément aux usages et aux règlements spé-
» ciaux qui les concernent. »

En lisant les deux premiers articles , l'auteur
des Observations s'écrie : *Confusion absolue de la
société civile et de la société religieuse , subordination
de l'une à l'autre, abandon de l'indivisibilité et des
droits sacrés de la souveraineté, telles sont les bases
sur lesquelles repose le code sarde !* C'est donc toute
une révolution qui s'est opérée par le fait de ces
deux articles ! La loi civile a donc systématique-
ment mis en péril l'ordre public ; la souverai-

neté a donc abdiqué ses droits ! Cherchons à répondre avec calme à ces vives objections.

Nous avons établi en principe que le législateur sarde a voulu la stabilité, c'est-à-dire la continuation de l'état précédent, dans l'ordre politique, et nous devons avant tout faire remarquer que cette reconnaissance des lois de l'église a toujours fait partie du recueil des lois émanées des princes de la maison de Savoie ; si l'on remonte à Amédée VIII (1430), et que l'on descende ensuite jusqu'à Charles-Émanuel III (1770), on trouvera, dans tous les corps de lois mis en vigueur dans ces pays, la déclaration que les lois de l'église doivent être observées.

Mais, pour prendre la chose de plus haut et entrer dans la véritable intention du législateur, nous devons dire que, pénétré de l'importance absolue de l'influence de la religion catholique, il a voulu en reconnaître l'autorité dès les premières lignes du code qui régit les rapports personnels et réciproques de ses sujets. On pourrait traduire sa pensée par ces paroles de Bossuet [1] : *Dieu, par qui les rois règnent, n'oublie rien pour leur apprendre à bien régner. Les ministres des princes et*

---

[1] Politique tirée des propres paroles de l'Ecriture sainte. — Introduction.

-ceux qui ont part, sous leur autorité, au gouvernement des états et à l'administration de la justice, trouveront dans sa parole des leçons que Dieu seul pouvait leur donner. C'est une partie de la morale chrétienne que de former la magistrature par ses lois. A côté de l'expression de cette pensée religieuse et éminemment catholique, nous placerons la nécessité d'appuyer la loi sur la base de la morale. Nous répétons volontiers, avec M. le comte de Portalis, *qu'il y a tout à gagner pour la société à fortifier l'obligation légale de toute la puissance de l'obligation morale.* Et cette idée, qui lui inspire des regrets sur ce que le *rappel à l'ordre moral* n'ait point été placé dans le Code Napoléon, nous porte à croire que la reconnaissance de la sanction religieuse chrétienne fortifie l'obligation légale d'une grande puissance de moralité[1].

Voyons maintenant si des articles du code sarde que nous avons cités, il peut s'ensuivre la perturbation dans l'ordre public que l'auteur des Observations nous signale. L'article premier n'énonce qu'une déclaration que la religion catholique est la seule religion de l'état : de sem-

---

[1] Sur l'importance de la sanction religieuse, voyez ce que dit Leibnitz, *Epistola censoria contra Puffendorfium,* n° 6 ; et Montesquieu, Esprit des Lois, liv. 24, chap. 6.

blables déclarations se rencontrent dans les lois de différents peuples, sans que l'on sache qu'elles aient produit le moindre inconvénient dans l'ordre civil. L'article deuxième ne renferme que le résumé de ces espèces de droits inhérents à la puissance civile, introduits dans le double intérêt de l'église et de l'état, que les jurisconsultes appellent protection et inspection (les auteurs, particulièrement les Allemands, leur donnent les noms de *jus advocatiæ: jus supremæ inspectionis*).

La coexistence de l'état et de l'église est un fait accompli depuis bien des siècles, et cependant il n'en est pas résulté, comme conséquence directe, qu'il y ait eu confusion absolue de la société civile et de la société religieuse. Bien loin de produire la subordination d'une société à l'autre, l'abandon d'un pouvoir quelconque , par le moyen d'un accord sage et éclairé entre les deux sociétés, les lois de la nature de celles qui sont consignées dans cet article deuxième, sont parvenues à éviter les collisions et à favoriser le libre exercice des droits respectifs. Laissons parler, à ce sujet, un savant écrivain qui n'est resté étranger à aucun des grands changements qui se sont opérés dans le droit public français : — *Non, il n'y aura pas de paix* (il s'agit des collisions entre les deux pouvoirs), *si la loi, le roi, les magistrats, les juges des cours ne demeurent, à l'égard de la religion catholique, ainsi que des autres religions, ce qu'ils sont naturellement et de tout temps,* LES ÉVÊQUES, *c'est-à-dire les inspecteurs du dehors* [1]. Il n'y a pas de confusion entre les sociétés, quand on ne dépasse pas les limites qui les séparent, et ces limites, bien loin d'être dépassées, sont reconnues par la loi sarde, qui ne parle que des matières qu'il appartient à l'église de régler. Et les moyens par lesquels l'accord entre les deux pouvoirs se maintient, sont tout à fait légaux, puisque la juridiction des magistrats s'exerce selon l'usage et le droit. Il est peut-être bon de faire remarquer que les cours suprêmes, aux termes de l'article deuxième, continuent leurs fonctions, c'est-à-dire qu'il n'est rien innové aux usages antérieurs ; ce sont ces usages qui, pendant très-longtemps, ont maintenu une véritable tranquillité en Piémont, tandis que, dans les pays voisins, des troubles fréquents se produisaient à l'occasion des dissensions soulevées sur des matières religieuses.

[1] Lanjuinais, Essai de traité sur la Charte, liv. 2, chap. 6, § 178.

Il n'y a pas de subordination d'un pouvoir à l'autre, quand la position des deux sociétés est parfaitement distincte ; enfin il y a d'autant moins d'abandon des droits sacrés de la souveraineté, lorsque c'est l'acte même de cette souveraineté qui garantit ce qui appartient à l'église, s'appuie sur l'autorité qui lui est propre, et prépare un accord auquel la société civile et la société religieuse prennent un intérêt permanent. L'auteur des Observations proposerait, pour établir cet accord, que la puissance législative eût à promulguer comme siennes les lois ecclésiastiques qu'elle voudrait naturaliser dans l'état, ainsi que l'ordonnance de Blois l'a fait en France pour certains canons du concile de Trente. Mais, outre que les usages ecclésiastiques, dans une grande partie des états sardes, diffèrent beaucoup de ceux de l'église gallicane, on ne doit point oublier qu'en France aussi, tant que la religion catholique y a été reconnue comme religion de l'état, on n'a pas refusé de reconnaître l'existence de certains droits comme émanant directement de l'église. Nous nous en rapporterons là-dessus aux traités *des droits et libertés de l'église gallicane*, et en particulier à

¹ Tom. I , 1731.

celui des *des droits ecclésiastiques* d'Antoine Oth-
man, qui écrivait à une époque peu éloignée de
l'ordonnance de Blois ; nous citerons l'article
deuxième de la fameuse déclaration du **19 mars
1682**, où il est dit : *que les règles, les mœurs et les
constitutions reçues dans le royaume et dans l'église
gallicane doivent avoir force et vertu.* Ce qui prouve
que la sécularisation de l'ordre social n'était pas
complète en France, dans le sens adopté par
l'auteur des Observations, tant qu'il y avait une
religion de l'état. Il nous paraît inutile de réfuter sérieusement la conclusion déduite des pré-
misses précédentes, c'est-à-dire que, pour être
d'accord avec eux-mêmes, les rédacteurs du
code sarde auraient dû *proclamer la suprématie
du sacerdoce, réduire l'état en province de l'église, et
le magistrat politique ou le souverain aux fonctions
de vice-gérant de la puissance pontificale sur le temporel des états.* En poussant ses conséquences à ce
point d'exagération, l'auteur infirme lui-même
la force de ses arguments, et nous ne saurions
croire que le texte seul des articles précités ait
pu lui suggérer cette boutade.

Le jurisconsulte allemand [1], qui a aussi exa-

---

[1] Kritische Zeitschrift für Rechtswissenschaft und Gesetz-
gebung des Anslandes. — 1838, art. de M. Mittermaier.

miné le code sarde , nous semble avoir fait
preuve d'un esprit tout différent , lorsqu'en
parlant des dispositions contenues dans le titre préliminaire, il a reconnu que la qualité
de ces lois ne pouvait être appréciée qu'a-
près avoir pris ample connaissance des conditions particulières du pays pour lequel elles
sont faites.

Ce même jurisconsulte exprime des doutes sur
la justice et l'opportunité de l'article troisième,
mais c'est plutôt à cause de ce qui a été publié
à ce sujet par quelques feuilles étrangères , que
pour la disposition précise de la loi.

Nous devons expliquer de quelle nature est
la tolérance des autres cultes existant dans les
états du roi de Sardaigne : et nous dirons premièrement que les protestants et les juifs qui
demeurent sur le territoire sarde , sont en petit
nombre et que leur position est tout à fait exceptionnelle. Les juifs résident en Piémont depuis un temps immémorial, mais leur résidence
est réglée par des lettres de tolérance émanées du
souverain , sur les demandes expresses qui lui
furent adressées par leur corporation. La liberté
du culte leur est assurée. Dans les ordonnances
faites à leur sujet depuis 1814 , on s'est relâché

sur plusieurs points des règlements qui gênaient trop leur existence civile.

Quant aux protestants qu'on appelle Vaudois, et qui habitent les vallées au-dessus de Pignerol, il est juste de remarquer que leur position sociale, qui avait été longtemps précaire par suite des troubles de religion suscités vers la fin du XVIe siècle et durant le XVIIe [1], s'est considérablement améliorée. Aujourd'hui ils exercent leur culte en toute liberté dans le rayon de territoire qui leur a été accordé ; ils réunissent leurs synodes ; ils ont des écoles et des maîtres. Lorsque les libéralités de l'étranger leur ont manqué, les ministres des églises vaudoises ont trouvé des secours dans la munificence royale. Les lettres patentes du 27 février 1816, après avoir accordé ces secours permanents, déclarent les Vaudois admissibles à tous les dégrés académiques qui n'exigent pas la qualité de docteur ; ceux qui aspirent au ministère de leur culte, ne sont pas compris dans la con-

---

[1] V. les documents publiés sous le titre : Conférences tenues à Turin dans l'hôtel-de-ville en présence de MM. les ambassadeurs suisses, entre les ministres de S. A. R. et les députés des vallées de Lucerne, à la fin de l'année 1665 et au commencement de la courante 1664. A Turin, MDCLXIV.

scription. Enfin, loin d'interdire à ces habitants du Piémont la faculté d'être témoins dans les actes publics, comme on l'a faussement supposé, on leur reconnaît, en vertu d'anciennes lettres patentes (16 février 1746), le droit d'exercer des charges.

L'auteur des Observations poursuit son examen en disant : *Ce n'est pas seulement à l'égard de la religion catholique que la loi civile est dépouillée de ses attributions les plus importantes ; les familles et le mariage sont régis par les usages et règlements qui les concernent dans chaque culte toléré. Mais que sont-ils, et pourquoi abandonner à cette législation essentiellement variable la constitution des familles, l'état d'un grand nombre de citoyens, et rendre ainsi précaire et incertain ce qu'il doit y avoir de plus stable et de mieux assuré dans la société ?*

C'est ici que la discussion générale soulevée par l'auteur des Observations, sur la confusion des deux puissances civile et religieuse, reçoit son application directe; car, il faut le dire, le code sarde ne présente comme dépendants de l'autorité religieuse que deux points seulement de ses dispositions : la célébration et la dissolution des mariages, et un cas d'exhérédation [1]. La haute importance qu'il y a pour la société civile de reconnaître la sainteté du mariage, et de placer cet engagement à la tête de tous les rapports de famille, doit être sentie par le législateur; celui surtout qui est appelé à donner des lois à un peuple chez lequel les doctrines catholiques sont restées pures et intactes, n'a pas de meilleure garantie que la religion pour étayer dans la société civile cet acte qui, comme le dit M. le comte de Portalis, *existe avant elle et hors d'elle*. C'est donc précisément hors de la société civile que le code sarde a été chercher le principe protecteur du lien conjugal, et il l'a puisé à la source de la morale, c'est-à-dire dans la religion qui, comme le remarque Grotius, a rendu plus parfaite cette union [2].

Nous ne concevons pas comment on a pu appeler *essentiellement variable* la législation religieuse; il est de la nature des institutions religieuses de ne pas changer, et le caractère de la religion catholique surtout consiste dans une

[1] V. art. 108-143-738 du code sarde.

[2] At Christi lex ut res alias ita et hanc conjugii inter Christianos ad perfectiorem redegit normam. De J. B. et P. lib. 2, cap. 5, n. 9.

fermeté inébranlable des règles et des traditions.

Nous ne quitterons pas ce sujet sans ajouter encore quelques explications. Nous croyons que l'influence de la religion imprime au mariage des qualités qu'il n'aurait pas pu prendre, s'il n'était considéré que comme simple engagement de droit primitif. Tous les auteurs qui ont écrit sur le droit naturel dans ses rapports avec la société, ont traité les questions relatives à la faculté du divorce et à la polygamie, et l'on n'a pas trouvé de solution définitive aux doutes soulevés à cette occasion ; le seul moyen d'en sortir a été de placer l'union conjugale sous la sauvegarde de la sanction religieuse. L'Évangile rapelle cette union à sa pureté primitive, et elle devient par là un instrument de la grâce divine ; l'antiquité païenne, entrevoyait elle-même l'importance de l'intervention du rite religieux pour établir l'indissolubilité du mariage[1].

M. le comte de Portalis pense qu'*aujourd'hui les formes civiles dont le mariage a été revêtu, ont été une nouvelle source d'erreurs ; qu'on a cru à tort*

---

[1] Il est curieux de voir, dans Denys d'Halicarnasse, liv. 2, comment il justifie l'institution du mariage par *confarréation*, qui était indissoluble.

que l'indissolubilité du lien conjugal ne dérivait que du dogme religieux, et que cette autorité une fois écartée par la sécularisation des matières civiles, on a réclamé l'abolition de la conséquence qu'elle paraissait produire.

Nous ne saurions accuser d'inconséquence absolue ceux qui, ne considérant le mariage que comme un simple engagement de droit naturel, ont admis en lui des conditions résolutoires dans les cas où toute union contractée d'après les règles de ce droit pourrait cesser d'exister. Puffendorf, qui a examiné cette question fort longuement, pourrait venir en aide pour réfuter ce reproche d'inconséquence [1].

Comment peut-il donc se faire que l'on accuse le code sarde d'avoir établi en principe que le mariage doit être spécialement envisagé comme engagement religieux, si, de l'aveu même de ses critiques, la loi civile ne suffit pas pour l'élever à la hauteur où il doit se trouver? Mais on pose en principe que la loi civile ne doit pas abandonner à une autre puissance les effets du mariage qui se rattachent à l'ordre civil; et il nous sera aisé de démontrer que cet abandon n'a pas eu lieu, de

---

[1] De Jure naturæ et gentium, lib. VI, cap. 1, §§ et seq.

la part du législateur, dans le code dont nous parlons.

Si l'auteur des Observations eût pris connaissance des lettres patentes portant approbation du règlement pour la tenue des registres de l'état civil, publiées le même jour que le code (20 juin 1837), il aurait vu que les actes de mariage, ainsi que ceux de naissance et de décès, sont régis par la loi ; qu'on a pris toutes précautions pour empêcher les empiètements d'un pouvoir sur l'autre. S'il eût fait attention à l'article 64 du code, il aurait remarqué que les sénats, cours suprêmes de justice séculière, sont particulièrement chargés de veiller à ce que l'état civil des personnes soit assuré. Alors peut-être il eût reconnu que l'exemple de l'ordonnance de Blois a trouvé des imitateurs, ou plutôt que les anciennes lois des princes de la maison de Savoie[1] sont reproduites sous une

---

[1] Le duc de Savoie Emmanuel-Philibert publia , en 1561, un recueil d'ordonnances relatives à la procédure, sous le titre de *Nuovi ordini e decreti intorno alle cause civili*. Parmi ces règlements, il en est un qui ordonne premièrement à tous les chefs de famille , et à ceux qui en font les fonctions , de notifier aux greffiers des judicatures les cas de naissances et de morts arrivés dans leurs familles, sous peine d'amende en cas de contravention. Les greffiers sont tenus d'inscrire

forme plus complète et plus analogue aux usages actuels, et avec une régularité qui ne se rencontrait guère dans les vieux règlements du Droit français. Ainsi cette grande lacune dans le code, dénoncée par l'auteur des Observations, n'existe pas.

L'auteur des Observations a été trompé par de faux renseignements, lorsqu'il a cru que les rois de Sardaigne n'interviennent pas pour régler le mariage de leurs sujets non catholiques. C'est précisément le contraire que l'on observe en Piémont à l'égard des Vaudois. La faculté d'apporter des empêchements dirimants, et d'en dispenser, fait partie de la prérogative du souverain. Nous citerons à ce sujet un document assez récent : c'est le billet adressé par le roi au sénat de Piémont, le 20 juin 1835, par lequel il lui ordonne de faire connaître aux ministres et

ces notifications sur un registre à ce destiné. Il est enjoint en même temps à tous les curés, sous peine de la réduction du temporel, de tenir registre des naissances et des décès, et d'envoyer à la fin de chaque mois une liste de tous les baptèmes et enterrements auxdits greffiers. Ceux-ci sont tenus de collationner ces listes sur leur registre, et de le remettre, à la fin de chaque année, signé de leur main, aux syndics des communes en présence du juge, afin que ce registre soit gardé aux archives.

modérateurs des vallées vaudoises que, *conformément à la discipline suivie jusqu'à 1800, et jusqu'à ce qu'il soit autrement statué par le sénat, le mariage est censé prohibé entre cousins germains, à moins
qu'on n'exhibe une dispense accordée par le roi.* Mais
comme, dans l'intervalle qui s'était écoulé depuis
la restauration, plusieurs de ces mariages entre
cousins germains avaient été contractés sous
l'autorisation d'un synode, tenu en 1801, le roi
a déclaré, par le même billet, que ces mariages
antérieurs seront tenus pour valables, pourvu
qu'ils aient été suivis de cohabitation.

Tandis qu'appuyés sur les principes de droit,
qui accordent au prince la faculté d'apporter
des empêchements au mariage, nous soute-
nons à cet égard sa juste prérogative, il nous
paraîtrait dur de reconnaître que, dans les matières qui tiennent à la substance de la loi religieuse, même dans les cultes simplement tolérés,
la conscience de ses sujets eût à subir l'intervention de la puissance civile. On propose l'exemple tiré de la déclaration du grand Sanhédrin des
juifs, convoqué par Napoléon, constatant qu'ils
renonçaient à se prévaloir des préceptes de la
loi mosaïque concernant le mariage, contraires
aux dispositions du Gode civil; mais, précisé-

ment dans l'exposé de ce décret, les députés juifs ont fait prévaloir le précepte religieux, et ils ont invoqué la décision du synode de Worms, tenu précédemment par leurs coreligionnaires, qui avait prononcé anathème contre tout israëlite de leur pays qui épouserait plus d'une femme. C'était donc une profession de sentiments religieux qui venait se réunir à l'autorité de la loi.

La loi civile doit certainement empêcher que la constitution de la famille ne soit régie selon les divers dogmes qui séparent les croyances, mais il faut qu'elle s'empare des effets civils, sans blesser pour cela le principe de conscience; c'est alors que l'organisation sociale s'asseoit sur des fondements solides. Tout ce qui tend à aller au delà, ne manquera pas, tôt ou tard, de produire des réactions.

Dans le code sarde on a cherché à atteindre ce double but; en se référant aux lois de l'église catholique et aux usages et règlements pour les sujets non catholiques, en ce qui concerne les matières matrimoniales, on a fait preuve d'un grand respect pour le principe religieux. Mais tout ce qui intéresse directement la société civile, a été réglé par la loi civile. On a senti l'importance du consentement des ascendants pour les mariages de leurs descendants; en même temps on a pris des mesures pour que cette autorisation morale eût son effet, sans pouvoir dégénérer en moyen d'oppression, et sans devenir une cérémonie illusoire comme l'acte respectueux exigé par l'art. 151 du code Napoléon (art. 109 à 112); les conséquences de la bonne foi des parties contractantes dans le mariage déclaré nul, ont été sanctionnées (art. 115 et 162); les obligations qui naissent du mariage, les droits et les devoirs respectifs des époux sont entièrement déterminés par la loi civile (sections 2 et 3, tit. V, livre I); les formalités de la séparation de corps se trouvent également réglées par le code (section 4 de ce titre), qui prescrit que, dans les cas d'urgence, si les circonstances sont telles, que la séparation devienne indispensable, l'autorité civile pourvoira provisoirement à la sûreté de l'époux qui aura réclamé son assistance.

Après nous être occupés du titre du mariage, parce qu'il se rattachait particulièrement à la discussion du principe religieux reconnu dans le code sarde, il nous faudra reprendre l'examen des Observations de M. le comte de Portalis sur le titre préliminaire. Nous pensons comme lui sur la distinction entre les lois qui forment pour ainsi dire l'entourage nécessaire de la monarchie, et celles qui ne regardent particulièrement que la société. Les recueils des lois émanées des princes de la maison de Savoie portent également le titre de lois fondamentales [1]; mais cette qualification ne change pas leur caractère particulier. Les lois qui ont rapport aux fondements de l'ordre social, ne sauraient être changées sans porter atteinte à l'élément constitutif de la forme du gouvernement. L'ancienneté des institutions existantes est la garantie la plus sûre de leur autorité. La sanction du temps et la continuité traditionnelle d'un principe, constituent les véritables lois fondamentales ; témoin cette loi salique qui n'est formulée nulle part, et qui cependant établit le droit de succession de plusieurs monarchies [2].

---

[1] Constitutions royales de 1770, article 425 du nouveau Code civil.

[2] Nous croyons que le lecteur nous saura gré de lui faire connaître la source traditionnelle de l'établissement de la loi salique dans la maison de Savoie. Elle nous est racontée par le vieux chroniqueur Champier : « Après la mort du comte » Édouard, il dit comment le duc de Bretaigne prétendoit » droit en la comté de Savoie à cause de sa femme, seul en-

Combien de lois d'une date récente, décorées du titre pompeux d'institutions fondamentales , destinées à être observées perpétuellement, n'avons-nous pas vues, de nos jours, tomber subitement et sans espoir de retour ? Celles au contraire qui ont pris avec le temps des racines profondes, qui sont passées dans les mœurs d'un peuple, qui se sont rattachées aux différentes phases de la vie d'une nation, celles-là seules forment le fondement solide du droit national. Tel se présente parmi nous l'usage de faire vérifier, ou selon l'expression officielle, *entériner* par les cours suprêmes de justice, les lois et les règlements d'un intérêt général. Ce qui a été prescrit, à cet égard, par l'art. 7 du code sarde, n'est point une innovation; ce n'est qu'une rénovation de ce qui se trouvait établi depuis très-longtemps en Piémont. Il existe une grande analogie entre ces entérinements et

» fant laissé par le comte Edouard. Les trois états de Savoie,
» qui se tenoient pour lors à Chambéry, prirent conseil et avis
» entre eux. Et le conseil consulté et bien deuement avisé, il
» fut répondu aux ambassadeurs par l'archevêque de Taran-
» taise pour tous, disant que la coutume du comté de Savoie
» n'a pas usance de cheoir en quenouille tant qu'on puisse
» trouver aucun hoir mâle quel qu'il soit , mais qu'il soit na-
» tif en vraie postulacion de mariage et descendu du nom et
» d'armes du pays. »

..les vérifications que faisaient les parlements en France et l'ancien sénat de Milan [1]. Le principe moral et politique de cette institution découle de la présomption que le souverain ne peut mal vouloir, et que la confiance qu'il place dans les conseillers tenant ses cours de justice, serait trahie, si des vérités utiles et importantes au bien de l'état lui restaient cachées par leur faute. La clause impérative, qui s'adresse aux magistrats, relativement aux remontrances, telle qu'on la voit dans la loi sarde, prouve l'intérêt qu'elle prend à ce que la vérité arrive aux pieds du trône. Si le droit de remontrer n'était qu'une faculté ou un privilége pour les parlements en France, ainsi que le dit l'auteur des Observations, il faudrait en conclure que faire le bien n'était pour eux qu'un acte facultatif.

L'auteur des Observations dit que l'art. 17 du code sarde, qui déclare *que les jugements ou arrêts n'auront jamais force de loi*, a voulu exprimer qu'il

---

[1] La matière des entérinements a été traitée par un savant magistrat piémontais, Antoine Sola, qui vivait à la fin du seizième siècle ; il définit l'entérinement, *Approbatio ejus quod Princeps disposuit in vim legis vel gratiæ*. V. son Commentaire *Ad Decreta antiqua ac nova Ducum Sabaudiæ*. Turin, 1607, pag. 718.

est défendu aux juges de prononcer par voie de
disposition générale et réglementaire sur les
causes qui leur sont soumises. L'art. 17 a pu
avoir deux objets, celui d'empêcher ces voies
de règlement, à l'instar de l'art. 5 du code civil
français, et plus directement encore celui d'abo-
lir expressément le droit de régir les cas pa-
reils qui se présenteraient successivement, droit
que l'ancienne législation sarde attribuait aux
cours suprêmes, ainsi que nous l'avons énoncé
plus haut.

Il prétend encore que le grand intérêt du
maintien de l'uniformité de jurisprudence, n'a
pas éveillé la sollicitude du législateur sarde; et
il déduit cela de ce que l'art. 16 ne parle de l'interprétation de la loi que comme d'un fait qui
peut simplement être sollicité par les cours suprêmes, et que le souverain accorde s'il le juge
à propos. Le nouveau code de Sardaigne a envisagé l'interprétation comme un accident qui
doit être motivé par le défaut reconnu de la loi.
Mais comment peut-on dire que l'intérêt du
maintien de l'uniformité lui ait échappé? Il faudrait d'abord prouver que la magistrature né-
gligera de remontrer au roi l'opportunité d'inter-
préter la loi existante; et cette négligence n'est

pas à craindre en face de l'attention soutenue , que le barreau donne à l'application de la loi. D'ailleurs, en disant que les cours suprêmes pourront s'adresser au roi pour demander l'interprétation, c'est assez dire qu'elles devront le faire toutes les fois que le cas l'exigera. En fait de justice, le juge qui *peut* faire ce qui est nécessaire pour en assurer l'administration , devient prévaricateur s'il ne l'exécute pas.

L'interprétation par voie d'autorité ne manque pas d'avoir quelque chose de trop absolu , lorsque, pour l'obtenir, on vient à consacrer la prééminence de la doctrine consignée dans les arrêts d'une cour, sur celle suivie par d'autres cours qui jugent également en dernier ressort. Elle peut dégénérer en un conflit opiniâtre entre les arrêts de la cour régulatrice et la jurisprudence des autres tribunaux ; et M. le comte de Portalis apprécie avec infiniment de justesse les inconvénients qui naissent de cette préférence accordée d'avance à une cour sur les autres. Dès que l'on attribue à une cour le droit de fixer une interprétation de la loi par l'autorité des arrêts, la loi se prête à des modifications incertaines, et les autres cours se voient dans l'alternative, ou de faire abnégation de leur raison et

de leur conscience, ou d'établir un conflit permanent de doctrines nuisibles à la bonne administration de la justice.

Il nous paraît étrange qu'en lisant dans le
code sarde le chapitre de la *jouissance des droits
civils*, on puisse croire, avec l'auteur des Observations, que les sujets du roi de Sardaigne n'ont
aucune espèce de droits politiques. Nous sommes
tout à fait de l'avis de M. de Portalis, que, quel
que soit le principe d'un gouvernement, les
hommes qui vivent sous sa tutelle, citoyens ou
sujets, ont toujours un état politique, comme ils
ont un état civil. Mais l'énumération de ces droits
n'est pas nécessaire à la loi civile. Quoique le
code sarde contienne des dispositions qui ont trait
à la constitution politique de l'état, il se borne
cependant à ce qui est indispensable d'après son
système pour y attacher les préceptes de droit
civil. Si l'on eût simplement renvoyé à la loi politique tous ces objets intimement liés à la loi
civile, l'expression de celle-ci aurait été incom-
plète; on se serait souvent demandé si la cause
première de la loi ne devait pas faire partie de
la loi elle-même. D'ailleurs, les mêmes objets
relatifs à l'ordre politique se rencontraient déjà
dans les lois émanées des princes de la maison

de Savoie ; nous n'oublierons pas de citer en ce lieu le principe fondamental, que tous leurs sujets sont tenus de contribuer indistinctement, dans la proportion de leur fortune, aux charges de l'état[1]; et celui que nul ne peut être contraint de céder la propriété ou l'usage de la chose qui lui appartient, si ce n'est pour cause d'utilité publique, et moyennant une juste et préalable indemnité. Pour mieux déterminer le sens de cette règle, il a été statué que les travaux d'utilité publique, et les propriétés dont l'occupation est nécessaire pour l'exécution de ces travaux, sont désignés par une disposition émanée du roi[2]. Ces garanties, qui appartiennent aussi à l'ordre politique comme on l'entend en France, où elles sont insérées dans la loi constitutionnelle, sont de véritables appuis de l'ordre civil, et comme tels elles ont pris place dans le code.

En France, l'art. 11 du Code civil établit que l'étranger y jouira des mêmes droits civils que ceux qui sont ou seront accordés aux Français par les traités de la nation à laquelle cet étranger

---

[1] Cette juste répartition de l'impôt est portée textuellement par l'art. 426 du nouveau code.

[2] Article 441 du nouveau code.

appartiendra. La loi du 15 juillet 1816 a admis les étrangers au droit de succéder, de disposer et de recevoir de la même manière que les Français dans toute l'étendue du royaume. Dans les états du roi de Sardaigne, l'étranger ne jouit que des droits civils qui sont accordés aux sujets du roi dans l'état auquel appartient cet étranger, sauf les exceptions faites par des traités ou conventions diplomatiques. Néanmoins, l'étranger ne pourra jamais invoquer la réciprocité pour jouir de droits plus étendus ou autres que ceux dont les sujets jouissent dans les états ; et cette réciprocité ne pourra s'appliquer aux cas pour lesquels la loi a spécialement disposé d'une autre manière [1]. On ne s'attendra pas à nous voir répéter ici ce qui a été depuis tant d'années objecté au sauvage droit d'aubaine ; nous adoptons de bon cœur la doctrine qui tend à rapprocher les hommes ; nous croyons que la civilisation avance là où les intérêts réciproques des nations se règlent sur des bases amicales. Mais, précisément à cause de cela, nous avouons que le principe de la réciprocité sur lequel repose la loi sarde ne pourrait être sérieusement combattu.

[1] Article 26 du nouveau code.

Le rapprochement entre les sujets des différents gouvernements s'opère d'autant plus aisément, qu'il y a plus de facilité à induire la réciprocité. Nous répéterons avec M. Boissy d'Anglas [1], que *cette réciprocité a paru à plusieurs bons esprits être le résultat d'une justice rigoureuse*. Tout en respectant les motifs qui ont dicté aux législateurs français l'art. 1 de la loi du 14 juillet, nous ne l'envisagerons pas autrement qu'ils l'ont fait eux-mêmes. Cette large voie d'admission a été ouverte, non pour remplir un devoir d'équité, mais pour mieux assurer un intérêt public ; on a voulu simplement inviter les étrangers à s'établir en France, tout en désirant qu'on ne fît pas, dans les pays étrangers, un semblable appel aux Français [2]. La loi sarde a été plus simple dans ses vues ; elle s'est contentée de cette mesure d'intérêt réciproque qui n'a pas d'arrière-pensée : elle a pensé qu'il ne pouvait y avoir de moyen plus sûr de fixer la nature de cette réciprocité, que les traités et les conventions diplomatiques ; et elle a mis d'autant plus de confiance dans ce système,

[1] *Voir* le discours qu'il prononça à la chambre des pairs, comme rapporteur de la commission chargée de l'examen du projet qui a été converti en loi le 14 juillet 1819.

[2] Voir encore ce rapport.

que, par le fait, de nombreux arrangements conclus à ces fins avec la plus grande partie des puissances de l'Europe, lèvent la plupart des doutes et
épargnent d'épineuses recherches. En soumettant
les étrangers aux restrictions apportées par les traités conclus avec le pays auquel ils appartiennent,
on ne fait que suivre à leur égard les règles d'un
droit international déterminé d'avance, d'accord avec leur patrie. Les exceptions consignées
dans le droit civil qui peuvent les regarder,
n'ont trait qu'à des règlements politiques; elles
font partie du corps de lois, et ne laissent par là
aucune incertitude sur leur position. L'auteur
des Observations ajoute encore : *Quelle que soit
d'ailleurs l'étendue des droits accordés aux sujets
sardes dans un pays étranger, l'étranger originaire de
ce pays ne peut jamais jouir dans le royaume de Sardaigne de plus de droits que les nationaux. Sa qualité exceptionnelle ne l'abandonne jamais.* Nous
avouons franchement que la restriction apportée
par le code sarde aux droits des étrangers, dans
ce sens qu'ils ne doivent jamais dépasser ceux
accordés aux nationaux, nous paraît juste et
nécessaire. Il est évident que personne ne
peut demander à une société plus d'avantages
qu'elle n'en attribue à ceux qui l'ont constituée

primitivement. Si la mesure de ces droits dépend de l'ordre d'affection, la patrie ne peut rien placer au-devant de ses enfants; si on la calcule comme corrélative à l'avantage qui en revient à la communauté, cet avantage reste toujours subordonné à l'intérêt de ne point blesser l'égalité des droits des nationaux. Nous emprunterons encore les paroles de M. Boissy d'Anglas [1] : *C'est bien assez, sans doute, de n'établir aucune préférence en faveur de ceux qui nous appartiennent, sans en créer qui leur soient contraires.*

Il nous est impossible de ne pas relever ici la disparate qui existe entre la loi française et les autres législations sur une matière aussi importante que la réciprocité des droits avec les étrangers; disparate qui répond mal à cette tendance toute libérale que l'on suppose à la loi du 14 juillet 1819. L'art. 2 de cette loi porte que, *dans le cas de partage d'une même succession entre des cohéritiers étrangers et français, ceux-ci prélèveront sur les biens situés en France une portion égale à la valeur des biens situés en pays étrangers dont ils seraient exclus, à quel titre que ce soit, en vertu des lois et coutumes locales.* Comment accorder cette disposition

[1] Dans le rapport précité fait à la chambre des pairs.

avec les vues généreuses qui ont présidé à l'élaboration du projet de cette loi? C'est l'interversion la plus complète de toutes les idées reçues universellement sur le droit de succession; c'est la représaille érigée en droit permanent, sans provocation de la part des autres nations. Comment allier ces actes de simple pouvoir, dictés par une sorte d'égoïsme politique, avec cette expression de crainte et de ménagement envers les étrangers, qui porterait à leur accorder plus de droits qu'aux nationaux? Les discussions prolongées n'entrent pas dans notre plan; nous nous abstiendrons donc de toutes réflexions ultérieures sur cette loi, dont les très-graves inconvénients par rapport aux sujets du roi de Sardaigne, ont été signalés avec beaucoup de sagacité dans un ouvrage auquel nous nous reférons volontiers [1].

Dans sa préoccupation d'esprit contraire aux principes de la loi sarde, l'auteur des Observations dit que les étrangers, lors même qu'ils jouissent de la plénitude des droits civils, *y sont toujours en état de suspicion légale ;* et, pour

[1] Du Droit d'aubaine et des étrangers en Savoie ; par C. A. Manford. Chambéry, 1824. Tom. 2, chap. 29.

prouver son assertion, il énonce les dispositions de ce code, par lesquelles *ils ne peuvent, sous peine de nullité du contrat, acquérir, prendre en antichrèse ou à bail, comme fermier ou comme colon partiaire des biens immeubles à une distance moindre de cinq kilomètres des frontières. Les immeubles situés* dans ce rayon ne peuvent jamais, pour quelque cause que ce soit, tomber légalement en possession d'un étranger, ou *lui être adjugés en paiement de ses créances ; ils devront toujours être vendus aux enchères, et l'étranger n'aura que le droit de se faire payer sur le prix en provenant. Les dispositions de cet article ne dérogent point aux plus amples prohibitions portées par des lois spéciales à l'égard de quelques états étrangers* [1].

D'après le texte de cet article, on voit que la suspicion legale se borne à l'intérêt de ne pas avoir la lisière du territoire de l'état en possession d'étranger ; si l'on suit sur la carte la ligne des frontières des états sardes sur le continent, on s'aperçoit aisément que, sur plusieurs points, elles n'ont pas de défense naturelle ; l'histoire nous apprend aussi que, souvent, les souverains de ce pays ont dû le garantir de toutes sortes

[1] Article 28.

d'attaques, et protéger son indépendance les armes à la main. La gêne imposée aux étrangers cesse tout à fait dès qu'ils ont dépassé cette distance de cinq kilomètres, et la liberté qui leur est laissée d'acquérir tant que bon leur semble au centre des états, prouve assez qu'il n'existe pas de suspicion contre eux. Les lignes extrêmes des limites d'un état sont soumises dans tous les pays à une surveillance particulière; les étrangers qui demeurent de l'autre côté de la frontière peuvent se plaindre d'un manque de commodité, sans avoir raison pour cela d'alléguer des motifs de défiance personnelle résultant de la loi.

Quant aux prohibitions spéciales qui peuvent s'établir à l'égard de quelques états étrangers, un seul exemple suffira pour justifier la précaution de la loi sarde. La république et canton de Genève, par une loi du 12 janvier 1818, retira aux gouvernements étrangers la faculté de posséder des immeubles sur son territoire; elle déclara nul tout acte entre vifs, en vertu duquel un étranger viendrait acquérir la propriété ou l'usufruit seulement d'un immeuble placé dans ce canton, s'il n'y avait eu autorisation à ce faire du conseil d'état.

Une mesure de parfaite réciprocité a dû, en

conséquence, être adoptée par le gouvernement sarde[1]. C'est pour maintenir ce juste droit de réciprocité, que le code sarde, qui cherche à ne rien laisser de caché ni d'incertain dans l'application des lois, s'est vu forcé d'énoncer cette réserve. Ici comme ailleurs, on peut être divisé d'opinion sur l'utilité matérielle d'adopter de semblables moyens ; mais on ne saurait contester l'équité du principe qui les a suggérés.

Le code sarde, en déclarant *que les sujets non catholiques et les juifs ne jouissent des droits civils que conformément aux lois, aux règlements et aux usages qui leur sont particuliers,* s'est montré conséquent relativement à la distinction de droit qu'il a posée entre la seule religion de l'état et les cultes simplement tolérés. Les restrictions apportées à l'exercice des droits civils chez les sujets qui professent des cultes tolérés ne vont pas au delà de ce qui dépend de leur position exceptionnelle.

En examinant les lois sur l'émigration des sujets, ou, si l'on aime mieux, sur l'*abandon de la patrie,* contenues dans le code sarde, l'auteur des Observations croit y reconnaître la trace de troubles politiques récents. Il n'en est rien

[1] Lettres patentes, 6 février 1818.

cependant, puisque ces lois ne sont que la répétition fort adoucie d'anciennes ordonnances [1]. Si l'on compare les dispositions sur cette matière contenues dans le code sarde, avec les lois d'autres pays, on verra que, bien loin d'aggraver la punition, il n'a cherché qu'à frapper ceux qui font expressément abandon de leur qualité nationale, et se placent en contradiction ouverte avec l'intérêt du pays. Les sujets et les citoyens sont soumis à des devoirs, comme ils sont saisis de droits par l'effet de leur qualité primitive; la loi qui règle ces rapports, n'a donc rien d'hostile, et la circonstance même qu'elle est classée dans le Code civil, annonce qu'on a voulu détourner de son objet une véritable sanction pénale. *La dénonciation de la part des intérêts privés*, dont il est mention dans les Observations, n'est que le moyen de rendre plus tôt aux familles les biens d'un individu séquestrés par suite de son refus positif de rentrer dans les états; car l'on ne doit point oublier qu'aussitôt après son avénement au trône, S. M. Charles-Albert a aboli la peine de la confiscation.

---

[1] Les plus anciennes de ces ordonnances remontaient à l'an 1560. V. l'art. 1, chap. 16, liv. 4, des Constitutions de 1770.

Nous ne pouvons partager les regrets que l'auteur des Observations donne à la suppression de la qualification de mort civile, opérée dans le code sarde. Puisqu'il avoue lui-même qu'il y a *quelque chose qui révolte la nature dans cette fiction de la loi, qui met au rang des morts une créature humaine, sur laquelle le soleil se lève encore, pour parler le langage de Bossuet;* puisqu'il admet que la privation des droits civils ne *devrait pas briser jusqu'aux liens de la famille,* comme il le fait dans la loi française, ne vaut-il pas mieux que la qualification disparaisse, puisque l'effet n'existe plus? Que peut-il y avoir d'*appareil moral* dans l'existence d'un mot privé de sens? Ne serait-il pas plus dérisoire que terrible de concevoir l'idée d'un mort qui peut se marier?

Il est vrai que le code sarde accorde une grande étendue à la puissance paternelle. Si les dispositions de la loi civile doivent être en rapport avec le principe du gouvernement, dans ce qui tient aux éléments de l'ordre social, on doit chercher à reproduire, dans la famille, l'exemple de cette monarchie paternelle, qui resserre les liens d'affection en rattachant à la personne du chef les intérêts des membres qui la composent. L'émancipation précoce des intelligences ne serait pas salutaire, si elle tournait au détriment du sentiment moral qui ne se développe nulle part avec plus de douceur que dans les rapports des enfants avec leur père. La monarchie pure a cela de particulier, qu'elle soutient mieux cette réunion de vues, cette uniformité de liens. On a cependant songé, dans le code sarde, à renfermer la puissance paternelle dans des limites assez restreintes pour qu'elle ne tournât jamais au préjudice de ceux contre qui elle est établie, dès que leur jugement peut être présumé formé, et qu'elle fût toujours une juste protection, sans pouvoir dégénérer en calcul d'intérêt sordide.

Nous croyons avoir mûrement discuté les principales observations de M. le comte de Portalis. Nos lecteurs ne devront voir dans cet essai que notre désir de détruire des préventions aussi injustes qu'elles sont peu méritées; mais nous ne saurions terminer sans parler de deux erreurs graves où l'auteur des Observations est tombé. Il dit que le code sarde ne parle pas de la légitimation par *bulles du pape, mais que les expressions qu'il emploie ne l'excluent point;* nous répondrons que jamais, dans les états sardes, on ne s'est avisé de croire que la légitimation pût se faire autrement que par subséquent mariage ou par autorité du souverain. L'art. 171 n'admet aucune extension à cette règle ; et cette matière, ainsi que toutes celles qui concernent la paternité et la filiation, est régie exclusivement par la loi civile[1].

M. de Portalis croit ensuite que le conseil judiciaire est aboli par le code sarde ; il n'a donc pas parcouru le titre dernier du 1ᵉʳ livre, contenant les dispositions relatives à la *majorité*, *à l'interdiction et au conseil judiciaire*, où il est dit, art. 380, que, *dans le cas où les informations prises ne présenteraient pas de motifs suffisants pour donner lieu à une interdiction absolue, le tribunal pourra néanmoins, si les circonstances l'exigent, ordonner que le défendeur ne pourra désormais plaider, transiger, emprunter, recevoir des capitaux, ni en donner décharge ; aliéner ni grever ses biens d'hypothèque, sans l'assistance d'un conseil qui lui sera nommé par le même jugement, etc.*

---

[1] **La** doctrine enseignée dans l'Université de Turin, au sujet des effets de la légitimation porte que, *Hoc jure utimur, ut si privilegium concedatur a principe, prosit ob civiles effectus ; si a Romano pontifice, prosit ob effectus spirituales.* Cette doctrine est en tout conforme à ce qu'enseigne Fevret, *Traité de l'abus*, liv. 3, chap. 1, n. 14. — V. le Recueil de Jurisprudence piémontaise, intitulé : *Pratica legale*; première édition, deuxième partie. Tom. 9, pag. 404.

En parlant des Observations de M. le comte de Portalis, nous n'avons tenu compte que des critiques; pour rendre hommage à son impartialité, nous répéterons que, sur plusieurs points, il rend justice aux innovations introduites par le code sarde; nous n'avons point relaté cette partie de son travail, parce que nous ne cherchions pas à compiler un éloge; nous voulions simplement établir une discussion.

Dans l'article du savant juriconsulte allemand, dont nous avons parlé plus haut, il se trouve deux objections auxquelles nous croyons devoir répondre.

L'art. 248 dit que *si les ascendants n'ont pas pourvu à la tutelle des enfants mineurs conformément aux dispositions précédentes, la mère tutrice pourra leur choisir un tuteur pour le cas où elle viendrait à décéder; mais son choix sera soumis à l'approbation du conseil de famille.* Ces principes, d'après lesquels, selon M. Mittermaier, on ne supposerait pas dans la mère une tendresse, un discernement égal à celui que la loi reconnaît dans le père, lui paraissent répréhensibles; il aurait préféré que l'on eût suivi, à cet égard, l'exemple du code français, analogue en cela au droit germanique. Nous n'entreprendrions pas de défendre cette disposition du code sarde, s'il nous paraissait qu'elle eût blessé le respect que l'on doit à l'amour attentif d'une mère pour ses enfants. Mais, à part même la convenance de ne pas changer le système général de la loi, qui ne reconnaît que le père comme chef direct de la famille, on comprend aisément qu'ici le code sarde a voulu venir en aide à la sollicitude maternelle ; le manque d'habitude des affaires et l'ascendant qu'un second mari peut exercer sur l'esprit de sa femme, sont des motifs légitimes pour appuyer une exception dans la loi. L'intervention du conseil de famille ne fait que compléter cet examen préalable et consciencieux, que la tutrice a dû faire avant de fixer son choix pour la personne qui devra lui succéder dans cette qualité.

Il paraît étrange à M. Mittermaier que les individus des corporations religieuses, qui ont émis des vœux solennels et à perpétuité, soient exclus de la tutelle et du conseil de famille. On ne peut oublier cependant que ces individus, par suite de leur profession religieuse, se trouvent tout à fait en dehors de la société ; qu'assujettis à un devoir absolu d'obéissance à leurs supérieurs, ils ne possèdent plus rien en propre, ils sont censés morts au siècle. Comment mettre d'accord cette position exceptionnelle que la loi reconnaît, avec l'assiduité, la responsabilité que la loi impose aux tuteurs et aux membres des conseils de famille? L'intérêt des deux parties exige qu'ils soient exclus de ces charges sociales.

Notre travail est fini en ce qui tient aux critiques sur le code sarde, que nous nous étions proposé d'examiner; elles ne vont pas au delà du premier livre; mais comme c'est ici que se révèlent les points essentiels qui fixent le caractère particulier de cette loi, nous croyons que la suite de l'examen donnera moins de prise aux préventions. Dans l'incertitude où nous sommes si nous continuerons cette discussion, nous ferons connaître d'avance notre opinion sur quelques parties importantes qui se trouvent dans les deux livres suivants.—La matière des servitudes a acquis dans le code sarde un développement qu'aucune autre loi ne leur avait encore donné jusqu'ici, surtout en ce qui tient au système de l'irrigation et aux différentes manières de se servir des cours d'eau. Cette attention particulière était prescrite au législateur par l'état de l'agriculture en Piémont; la culture du riz, ce produit si riche qu'on n'obtient en Europe que dans un espace de pays assez resserré, et qui appartient en très-grande partie au Piémont., exigeait qu'on établît des règles spéciales; on le fit; et l'expérience aidée des lumières de la science hydraulique, représentée avec tant d'illustration dans l'université de Turin, a servi de base à la loi. Il serait impossible de donner un extrait détaillé de ces dispositions; nous nous bornerons à citer les articles où il est parlé de la prise d'eau, de la dérivation, de la fixation du module d'eau (art. 640 à 647); ceux qui ont pour objet de garantir les droits des propriétaires des fonds par où s'exerce la dérivation et le passage de l'eau (art. 663, 664, 665, 666 et 667); ceux qui ont rapport à une matière où le droit de propriété et l'intérêt de la grande culture se trouvent en contact et se menacent constamment de collision, c'est-à-dire le droit de passage et d'aqueduc; enfin toute la section V, tit. IV, liv. 2.

Les étrangers qui ne connaissent pas les mœurs et les habitudes des Italiens, seront surpris de voir, dans le code sarde, la portion de biens dont le père peut disposer par testament, plus forte qu'elle ne l'est en France et dans quel-

ques parties de l'Allemagne, et ils auront surtout de la difficulté à comprendre le motif de
l'exclusion des sœurs et de leurs descendants, en
faveur dès frères et de leurs descendants mâles
à raison de certaines successions sous la réserve
de la simple légitime. Il est de fait cependant,
que, dès les plus anciens temps, la maxime d'assurer la succession aux agnats de la famille a
prévalu dans la jurisprudence italienne; soit que
cette maxime vienne du vieux droit romain,
soit qu'elle ait été importée dans les lois municipales des différentes villes d'Italie, comme un
reste de la loi des Lombards, toujours est-il
qu'elle s'est identifiée avec les mœurs des habitants du Piémont. Sous l'empire du code français, ils cherchaient tous les moyens d'éluder le
partage égal ; le code sarde, sans se départir du
principe, en a cependant retranché les conséquences trop dures que les anciennes lois pié-
montaises en avaient tirées. La quotité de la dot
qui, dans certains cas, se réduisait presque à rien,
a été rapprochée de la légitime ; la dot ne re-
présente plus le prix de l'exclusion, et les filles
ont droit de compléter leur légitime sur les biens
de la succession dont elles sont exclues L'équité

se trouve ainsi satisfaite, et l'intérêt de la famille n'est pas détruit.

Quelques développements donnés à la théorie de la possession sont venus remplir des lacunes que le code Napoléon avait laissées. Le principe que les productions de l'esprit sont la propriété de leur auteur (art. 440), annonce la sauvegarde de la propriété littéraire et industrielle. Enfin le système hypothécaire a pleinement répondu à l'attente de tous les jurisconsultes éclairés, qui, pour nous servir des expressions de Casimir Périer, *s'affligent de voir le développement de la prospérité sociale, entravée en France par les vices du système hypothécaire du code*[1]. Le code sarde, en effet, après avoir régularisé la matière des priviléges, a voulu que la véritable garantie de certitude, qui ne s'acquiert que par une entière publicité, fût assurée, et que, par conséquent, il n'y eût plus d'hypothèque pouvant produire d'effet sans inscription.

Tout ce que nous venons de dire suffira pour prouver que l'œuvre du législateur sarde ne s'est pas éloignée du principe : *stabilité dans l'ordre politique, progrès dans l'ordre civil.*

[1] Lettre de M. Casimir Périer aux journaux, 5 février 1829.

IMPRIMERIE DE DUCESSOIS, quai des Augustins, 55, A PARIS.